ESCUELA DE EMPRENDIMIENTO

Silvia Edo Lozano

Brief
Editorial

ESCUELA DE EMPRENDIMIENTO
© Del texto: Silvia Edo Lozano
© De esta edición: Editorial Brief, 2024
  info@editorialbrief.com
  www.editorialbrief.com
  Grupo Editorial Sargantana

Primera edición: septiembre, 2024
Segunda edición: diciembre, 2024

Impreso en España

Los papeles que usamos son ecológicos, libres de cloro y proceden de bosques gestionados de manera eficiente.

ISBN: 978-84-18641-47-3
Depósito legal: V-3036-2024

ESCUELA DE EMPRENDIMIENTO

Silvia Edo Lozano

EditorialBrief • 2024

Para mi hija Valeria
por ser mi inspiración.

Y para ti, querido gran emprendedor,
para que imagines tu futuro y seas aquello que sueñas.

ÍNDICE

Bloque 1. Estrategia

Bloque 2. Proyectos

La Escuela de
EMPRENDIMIENTO

En la Escuela de Emprendimiento, la aventura empieza
ya, con amigos y proyectos, ¡la diversión nunca se va!

Trabajando juntos, sin miedo a soñar,
¡la creatividad nos llevará a triunfar!

En la Escuela de Emprendimiento, nuestras ideas
volarán, aprendemos a crear empresas,
¡y nuestros sueños se hacen realidad!

Con risas y proyectos, el mundo es una canción,
¡en la Escuela de Emprendimiento, somos la inspiración!

Cargamos nuestros corazones con pasión y emoción,
alcanzamos las estrellas sin límites en nuestra visión.
Con cada desafío, crecemos y tomamos acción.

¡En la Escuela de Emprendimiento,
forjamos nuestra propia revolución!

ESCANÉAME

**Escucha la canción y
pásalo genial

Bloque 1
Estrategia

¿Qué quiero hacer?
¿Cómo lo voy a conseguir?

Cualidades de los pequeños grandes emprendedores

Iniciativa: Tengo facilidad para *imaginar* ideas y proyectos

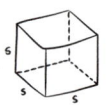

Autonomía: Propongo **soluciones** sin miedo al cambio

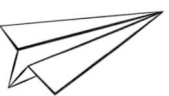

Creatividad: Tengo muchas ideas **originales**

Innovación: *Identifico* oportunidades de negocio

Visión de futuro: Me adelanto a las **necesidades** de los demás

¿Qué es emprendimiento?

Es pensar en algo nuevo
y emocionante, ¡y luego hacerlo realidad!

CONFIANZA

EQUIPO

Motivación

Compromiso

¡Soy capaz de conseguir todo lo que me propongo!

La idea emprendedora

PASOS PARA EL ÉXITO:

1. Analizo mi entorno para buscar una **oportunidad**

2. Voy a **preguntar** a mi familia y amigos qué necesitan

3. Es el momento de buscar una **solución** a ese problema o necesidad

Elegir bien el sector es una clave para el éxito:

Medio ambiente

Nuevas tecnologías

Fabricación de productos

Construcción

Salud y biensestar

Hostelería

Arte

Educación

Selecciono mi sector

Elijo el tipo de actividad que quiero hacer en la empresa que estoy imaginando

Diseño mi marca

¿Qué quiero conseguir con mi negocio?........... ¡Esa es mi **misión**!

¿Hasta dónde quiero llegar?.................... ¡Esa es mi **visión**!

¿Cuál es el nombre de mi empresa?

Es importante que sea original y claro

Diseño el logo más chulo

- Busco una letra impactante
- Pienso si va a tener una imagen
- Elijo uno o varios colores

Elijo la letra...

EMPRESA   Empresa   empresa

...selecciono la imagen...

...decido el color que me representa.

Presento mi marca

1. Diseño una cartulina con mi **presentación**

¿Quién soy?

¿A qué me dedico?

¿Cuál es mi marca?

¿Por qué tengo este logo?

¿Por qué me tienes que contratar?

2. Preparo las **tarjetas**

Logo

Nombre empresa

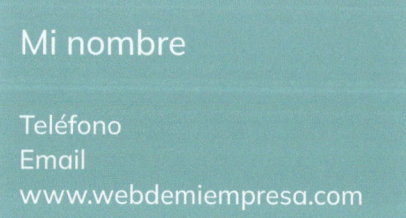

Mi nombre

Teléfono
Email
www.webdemiempresa.com

3. Estructuro mi  de trabajo

Carteles Sillas

ESTAND

Telas

Productos a la venta

Mesa

4. Organizo los

Calculo el precio

¿Cuánto vale mi tiempo?

¿Cuánto cuestan los materiales?

¿Cuál es mi precio?
Mi tiempo + los materiales

Preparo mi presupuesto...

Presupuesto
Precio
- Material 1 .... €
- Material 2 .... €
- .... €
- .... €
- Mi trabajo .... €

Total .... €

¿Necesito gente que trabaje para mí?

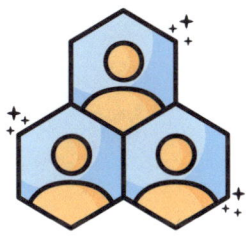

¿Cuánto vale su tiempo?

¿Cuál es mi beneficio?
Mi tiempo – los materiales

¡Los colores transmiten valores!

Crecimiento
Tranquilidad
Orgánico
Relajación

ALEGRÍA
innovación
diversión
juventud

confianza
inteligencia
calma
frescura

LUJO
MODA
misterio
espiritual

ILUSIÓN
sueño
delicado
Tierno

Amor
dinamismo
VALENTÍA
energía

creatividad
AMABILIDAD
Optimismo

sofisticado
+
EXCLUSIVO

SENCILLEZ   pureza
paz   minimalista

Ready para superar el reto

Con valentía en nuestros corazones, ¡vamos a luchar!
Superando obstáculos nada nos detendrá.
Con cada proyecto de emprendimiento,
¡crecemos más y más fuertes!

Ready para superar el reto, *ready* para superar el reto.

Miramos adelante con ojos de esperanza,
¡llenos de pasión! Rompiendo esquemas,
ya está en nuestro propio plan con la música
que nos carga, el mundo va a escuchar.
¡Listos para alzar la voz, listos para alzar la voz!

Con fuerza en cada paso avanzamos sin parar, la
adrenalina fluye y nada nos va a frenar. Subimos las
montañas, cruzamos los mares. ¡Siempre a explorar!

Ready para tomar el mundo,
ready para tomar el mundo.

ESCANÉAME

**Escucha la canción
y pásalo genial

Bloque 2
Proyectos

Es el momento de comenzar a innovar.
En esta imagen hay pistas de cada proyecto.
¿Podrás encontrarlas todas?

PROYECTO DE HOSTELERÍA

1. Preparo y reparto mis **tarjetas**

2. Diseño un **menú** delicioso

3. Pido permiso para usar la **cocina**

Restaurante en casa

4. Es el momento de **cocinar** y preparar la mesa

5. ¡*Ready* para mis **comensales**!

Menú 1 .... 5€
Menú 2 .... 5€
Bebidas .... 2€
Total

Recuerda:

Doy la bienvenida
Indico dónde sentarse
Tomo nota del pedido

Un menú saludable

PROYECTO DE HOSTELERÍA

1. Preparo y reparto mis **tarjetas**

Nombre empresa

Mi nombre

Email
www.webdemiempresa.com

2. Selecciono las frutas que quiero **vender**

Invierno

Venta de uvas peladas para fin de año

Vasitos con 12 uvas peladas

Verano

Venta de limonada refrescante

Vaso con agua y zumo de limón

Otoño

Venta de macedonia de fruta

Pera, manzana y zumo de naranja

Primavera

Venta de banana split

Plato con plátano, helado y fresas

Fruta de temporada

3. Preparo el cartel con el precio de cada **producto**

4. **Decoro** mi puesto ambulante de venta de fruta

5. Elijo un **sitio estratégico** para que todo el mundo vea mi negocio

 # PROYECTO DE SALUD

Mis servicios:

☐ Masaje relajante en la espalda .... €

☐ Masaje y crema en la cara .... €

☐ Maquillaje .... €

☐ Peluquería .... €

☐ Manicura .... €

1. Preparo y reparto mis *tarjetas*

2. Diseño un cartel para que conozcan mis servicios de *bienestar*

3. Consigo los *materiales*

4. A *decorar* y ultimar detalles

5. ¡Ya estoy *ready*!

Nombre empresa

Mi nombre

Teléfono
Email
www.webdemiempresa.com

Salón de belleza

Los detalles

El espacio

La cama será la camilla
para hacer masajes

La silla y el escritorio
son mi salón de belleza

Materiales

✓ Crema hidratante

✓ Pintaúñas

✓ Maquillaje

✓ Peine y coleteros

 # PROYECTO DE SALUD

1. Hago una lista con todas las cosas que puedo hacer en **casa**

2. Asigno un precio a cada **tarea**

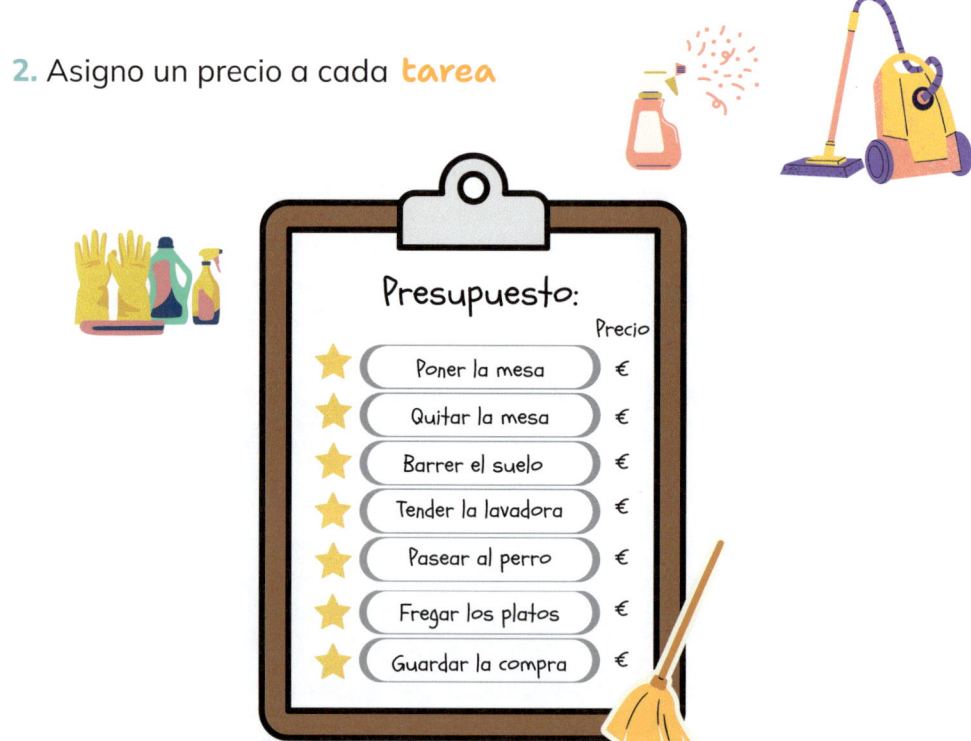

Presupuesto:

Tarea	Precio
⭐ Poner la mesa	€
⭐ Quitar la mesa	€
⭐ Barrer el suelo	€
⭐ Tender la lavadora	€
⭐ Pasear al perro	€
⭐ Fregar los platos	€
⭐ Guardar la compra	€

3. Enseño el **presupuesto** a mis padres, hermanos y abuelos

Tareas tareadas

4. Entrego una tarjeta para que me avisen cuando quieran
mis **servicios**

Nombre empresa	Mi nombre Teléfono Email www.webdemiempresa.com

5. Me pongo **manos a la obra**

Ayudo en casa
y me pagan por ello.

¡Todos ganamos!

PROYECTO DE EDUCACIÓN

1. Creo mis **tarjetas** y las reparto

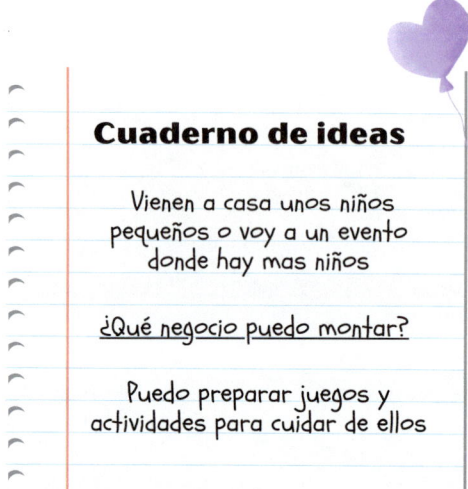

Cuaderno de ideas

Vienen a casa unos niños pequeños o voy a un evento donde hay mas niños

¿Qué negocio puedo montar?

Puedo preparar juegos y actividades para cuidar de ellos

NOMBRE EMPRESA

2. Pregunto la edad de los otros niños para saber qué **juegos y actividades** puedo preparar

Cuentacuentos

Tarjetas de animales

Juegos de preguntas

Pintura de cara

Guardería infantil

3. Creo un cartel con mis **servicios** y precios por hora

Servicio de guardería

- Cuidamos de sus hijos con amor
- Estamos disponibles desde el salón
- Hacemos actividades y música

4. Preparo un **espacio seguro** para todos

5. Me divierto jugando y organizando las **actividades**

PROYECTO DE EDUCACIÓN

1. Busca un sitio tranquilo con una **mesa y sillas**

2. Prepara el **material** que necesitas: pizarra, papeles en blanco, libros, colores, tijeras, pegamento...

3. Da la bienvenida a tus **alumnos** con un juego

4. Pregunta a tus alumnos si necesitan ayuda. Lee con ellos el **temario** y explica utilizando la pizarra o los papeles

Academia de refuerzo

Clases divertidas
Hacemos deberes
Preparamos exámenes

5. Antes de acabar la clase podéis hacer un dibujo y **jugar** a adivinar los de los demás

6. Cuando termine la clase puedes poner una música tranquila y hacer un ejercicio de **relajación**

Nombre empresa

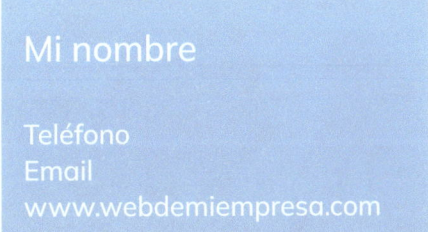

Mi nombre

Teléfono
Email
www.webdemiempresa.com

PROYECTO DE ARTE

1. Preparo los materiales para poder crear mis **obras**

Materiales:

- ♥ Pinceles
- ♥ Pintura de colores
- ♥ Papel o cuadro
- ♥ Vaso con agua
- ♥ Plastilina o arcilla

2. Dibujo, pinto, moldeo y desato mi **creatividad**

Galería de arte

3. Elijo los diferentes **estilos** que quiero mostrar en mi galería

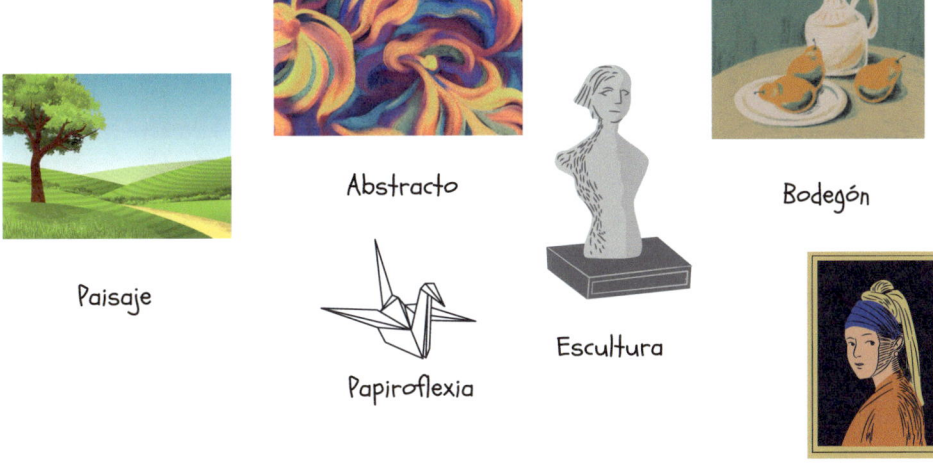

Paisaje

Abstracto

Papiroflexia

Escultura

Bodegón

Retrato

4. Preparo el lugar donde voy a hacer la **exposición**

5. ¡Diseño **carteles** para que todos puedan visitar la galería!

Galería de ARTE

Lugar
Día y hora

PROYECTO DE ARTE

1. Decido qué **servicio** voy a ofrecer

| Obra de teatro |
| Monólogo |
| Circo |
| Concurso de música |
| Danza y *ballet* |

2. Busco **colaboradores**

3. Preparo y decoro el **escenario**

4. Diseño un **cartel** y cuelgo copias

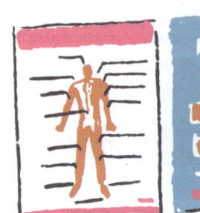

 # Comienza la función

5. Ensayo, ensayo y ensayo hasta que la **función** está preparada y yo estoy lista para arrasar en el escenario

Solo queda vender entradas,
vender palomitas,
¡y disfrutar del show!

# PROYECTO DE CONSTRUCCIÓN

1. Diseño los monumentos que quiero construir cartones

2. Reúno todos los **materiales**:

BLOQUES **COLORES** **telas**

3. Pido permiso para usar una habitación y trabajar en mi **proyecto**

4. Construyo los **monumentos** y los pongo en sitios estratégicos

Nombre empresa

Mi nombre

Teléfono
Email
www.webdemiempresa.com

Free tour de monumentos

5. Anuncio que hoy voy a hacer una espectacular **visita guiada**

Indico la hora y dónde hay que estar.

6. Antes de abrir la puerta de la habitación, entrego un **mapa** con los monumentos principales

¡Toma un micrófono y comienza la visita!

Al terminar el tour pido a los asistentes un donativo por las explicaciones y los maravillosos monumentos que han visto.

PROYECTO DE CONSTRUCCIÓN

1. Reviso con **lupa** cada pared, mueble o esquina de casa para ver si hay algo que se puede arreglar o mejorar

2. Hago una **lista** con todo lo que he visto

3. Pregunto en casa si necesitan un manitas y me ofrezco para **ayudar** a los adultos que lo van a hacer

Manitas de la casa

Mis servicios:

- Tapo grietas
- Pinto paredes
- Pinto muebles
- Pego cosas rotas

4. Diseño un *cartel* para que conozcan mis servicios

5. Preparo y reparto mis *tarjetas* y las reparto por si alguien más necesita un manitas

Nombre empresa

Mi nombre

Teléfono
Email
www.webdemiempresa.com

PROYECTO DE FABRICACIÓN

1. Preparo un presupuesto con los **materiales**

2. Comienzo a hacer mis **joyas**

3. Preparo un **cartel** con los precios

Presupuesto
Precio
♥ Hilos .... €
♥ Bolas de colores .... €
♥ Letras de colores ....€
♥ Gomitas .... €
♥ .... €
Total .... €

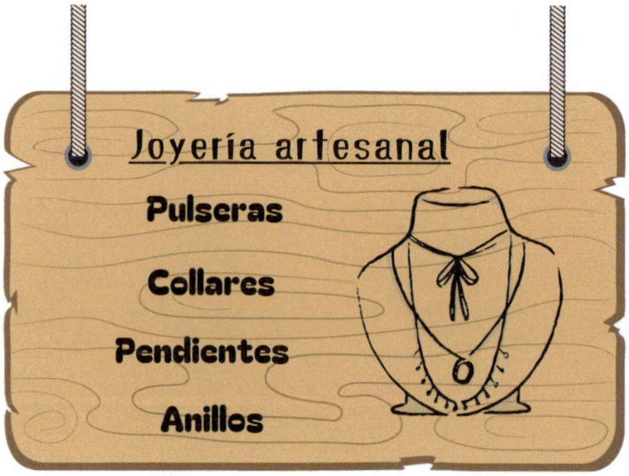

Joyería artesanal

Pulseras

Collares

Pendientes

Anillos

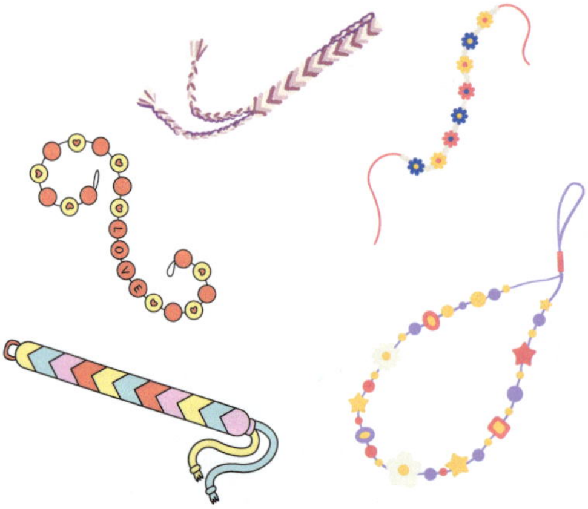

Taller de joyería

4. Preparo mis **tarjetas**

Nombre empresa

Mi nombre

Teléfono
Email
www.webdemiempresa.com

5. Decoro mi **estand** para vender mi producto

6. ¡Ya estoy lista para **vender**!

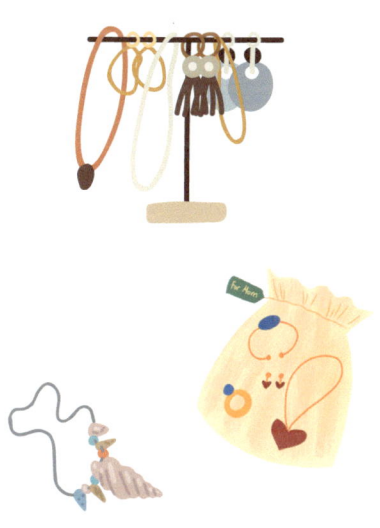

 # PROYECTO DE FABRICACIÓN

1. Decido qué quiero vender en mi **mercadillo** creativo

Tarjetas especiales:

· Navideñas

· De cumpleaños

· Para eventos...

Adornos de fieltro:

· Animales

· Bolsos

· Llaveros

Slime de colores:

· 1/2 taza de agua

· 3 cucharadas de azúcar

· Añadimos harina poco a poco y removemos hasta que el slime no se pega en la mano

· Colorante alimenticio

· Cuando está listo, ponemos un poco de aceite y amasamos con las manos

¡Esto son algunas ideas, pero las opciones son infinitas!

Mercadillo creativo

2. Diseño las **tarjetas** de mi empresa

3. Decoramos el espacio donde vamos a vender los **productos**

4. Hacemos carteles y preparamos la lista de **precios**

PROYECTO DE TECNOLOGÍA

1. Planifico el anuncio que quiero hacer

**Para ello puedo tomar ideas de anuncios de la tele

Nombre empresa

Mi nombre

Teléfono
Email
www.webdemiempresa.com

Suena la música

Entra la actriz con el perfume

Enseña el perfume a la cámara

Dice el eslogan

¿Qué es un eslogan?

Es una frase corta, original y pegadiza.
Se utiliza en publicidad para
representar un producto.

AnunciARTE

2. Consigo los **materiales** y los **colaboradores**

**Recuerda que puede durar 1 minuto

3. ¡Que comience la **grabación**!

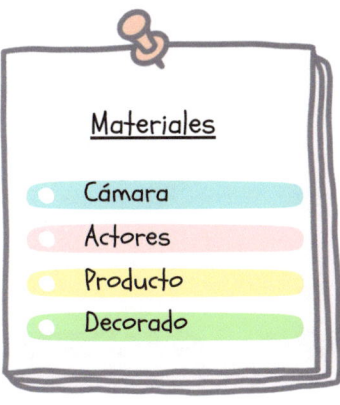

Materiales
- Cámara
- Actores
- Producto
- Decorado

53

 # PROYECTO DE TECNOLOGÍA

1. Planifico la web o la APP que quiero diseñar eligiendo una **temática** chula

2. Diseño la aplicación en papel dibujando cada apartado y explicando cada pantalla

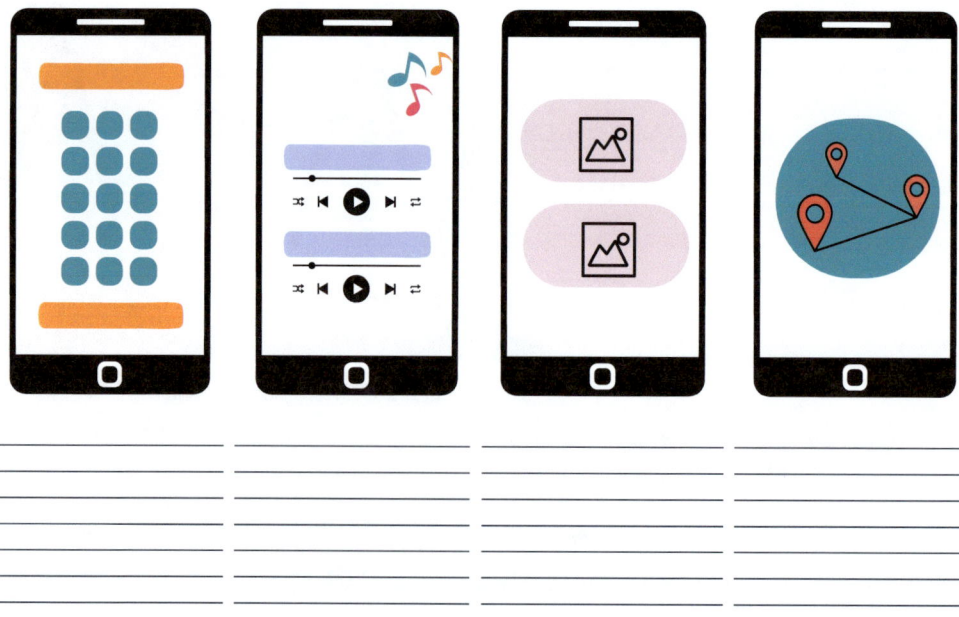

Diseño mi APP ideal

3. Preparo una **presentación** para vender la idea o creo la
APP con ayuda de un adulto

Hay muchas webs de uso educativo
que te pueden ayudar a programar
y a desarrollar tus ideas.

*Antes de ponerlo en práctica pide
a un adulto que te ayude

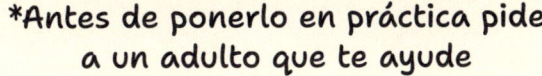

# PROYECTO DE MEDIOAMBIENTE

1. Preparo y reparto mis **tarjetas**

Nombre empresa

Mi nombre

Teléfono
Email
www.webdemiempresa.com

2. Es el momento de **cultivar** y aprender sobre las distintas **plantas**

3. Pide **ayuda** a un adulto
si lo necesitas

Vivero

4. Prepara un **estand** con las diferentes plantas que has cultivado

5. Pon carteles y apréndete sus características para poder entregar las plantas a familias que puedan **cuidar** de ellas

6. ¡Es el momento de **promocionar** tu negocio y de vender las plantas!

 # PROYECTO DE MEDIOAMBIENTE

1. Busco **materiales** que puedan ser reciclados para crear nuevos objetos

Cápsulas de café	Anillas de refrescos	Botellas	Rollos de papel
↓	↓	↓	↓
Pendientes	Pulseras	Maceteros	Organizador de cables

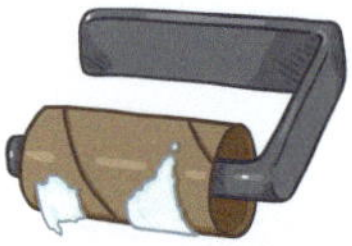

Con R de reciclado

2. Preparo las tarjetas de mi empresa de **reciclaje**

3. Hablo con familiares amigos y vecinos para **explicar** mi idea y ver si tienen materiales que puedo reciclar

4. Recojo los materiales y **fabrico** mis productos

Nombre empresa

5. Ya estoy *ready* para volver y mostrar mis alucinantes **creaciones**

CRISTAL, PLÁSTICO, ORGÁNICO y PAPEL

ESCUELA DE EMPRENDIMIENTO

CERTIFICADO

READY PARA SUPERAR EL RETO

¡BIEN HECHO!